Anne Möller · Ulrike Kaup

# Pia und ihr kleines Pony

*Für Pia und ihre Tiere*

# Pia und ihr kleines Pony

Eine Geschichte von Ulrike Kaup
Mit Bildern von Anne Möller

Ravensburger Buchverlag

„Guck mal, Mama!“ Stolz hält Pia ihr Bild hoch.
Pia hat ein Pony gemalt. Ein pinkfarbenes Pony auf einer grünen Wiese.
„So ein Pony wünsch ich mir zum Geburtstag“, sagt Pia.
„Ein Pony?“, fragt Mama.
„Ich denke, du wünschst dir ein Puppenhaus?“
Pia schüttelt energisch den Kopf.
„Ich wünsch mir ein echtes Pony-Mädchen“, erklärt sie.
„Ein Pony, das Leonie heißt. Zum Reiten und Zöpfeflechten, mit extralanger Mähne.“

„Zum Zöpfeflechten?“, wiederholt Mama erstaunt. „Aber ein Pony ist doch kein Spielzeug! Es braucht einen warmen Stall und muss jeden Tag gefüttert werden.“

„Das Pony kann doch bei uns auf dem Rasen stehen“, meint Pia. „Und im Winter wohnt es in Papas Garage.“

„So einfach ist das nicht“, erklärt Mama. „Ein Pony mag nicht gern allein sein. Es grast lieber mit anderen Ponys zusammen auf der Wiese. Und es will herumtoben und sich beknabbern lassen.“ Pia ist enttäuscht. „Aber Inke hat auch ein Pony“, sagt sie. „Es heißt Belinda und wohnt auf dem Ponyhof.“
„Dann kann dir Inke sicher erzählen, was ein Pony alles braucht, um sich wohlzufühlen“, sagt Mama.

Am nächsten Tag geht Pia gleich zu Inke.
Inke soll ihr ganz viel über den Ponyhof erzählen.
„Komm doch einfach mit", schlägt Inke vor. „Aber sag vorher deiner Mama Bescheid."
Kurz darauf ist Pia wieder da. Sie strahlt über das ganze Gesicht und hält Inke ihren Rucksack hin.
„Mama hat mir Äpfel geschenkt. Einen für dich, einen für mich und der Rest ist für die Ponys. Die mögen nämlich Äpfel, meint Mama."
„Ich auch!", sagt Inke fröhlich und nimmt Pia an die Hand.

„Ich seh schon die Ponys!“, ruft Pia begeistert. „Dahinten auf der Wiese. Ist Belinda auch da?“

„Nein, Belinda ist im Stall“, antwortet Inke. „Sie bekommt nämlich bald ein Baby! Vielleicht schon heute Nacht.“

Als sie am Zaun stehen, kommen gleich einige Ponys angelaufen. Pia kann es kaum erwarten, ihnen einen Apfel hinzuhalten. Huch! Plötzlich ist da eine große braune Ponyschnauze. Vor Schreck lässt Pia den Apfel ins Gras plumpsen.

„Vorsicht!“, sagt Inke. „So erschreckst du die Ponys. Schau mal, das geht so!“

Sie legt einen kleinen Apfel auf Pias Handfläche. „Schön gerade halten!“, erklärt sie und führt Pias Hand langsam zum Kopf eines kleinen weißen Ponys.

Wie weich sich die Schnauze anfühlt … schwupp ist der Apfel weg!

„Das kitzelt“, sagt Pia kichernd. Dann kramt sie noch einen Apfel aus ihrem Rucksack.

„Der ist für das braune Pony“, sagt sie. „Sonst ist es traurig.“

Als Pia und Inke auf dem Ponyhof ankommen, gehen sie gleich in die Ställe.

„Jedes Pony hat seine eigene Box. Und vor der Box steht sein Name.

Das hier ist Rudi. Rudi ist immer gut gelaunt“, erzählt Inke.

Inke krault Rudi am Hals. Als sie damit aufhört, stupst er Inke mit dem Kopf sanft an.

„Rudi kriegt einfach nicht genug“, sagt sie lachend.

„Und wenn er nicht gestreichelt werden will?“, fragt Pia.

„Dann legt er die Ohren eng an! Das heißt: Komm mir bloß nicht zu nah! Aber bei Rudi habe ich das noch nie erlebt. Deshalb darf er auch gleich beim Training helfen. Auf dem Reitplatz.“

Benno
Sternchen

Moni

„Darf ich auch mal auf Rudi reiten?“, fragt Pia.
„So schnell geht das nicht“, widerspricht Inke. „Reiten musst du lernen, sonst macht das Pony, was es will. Und wenn es keine Lust mehr hat, wirft es dich einfach ab.“
„Rudi auch?“, fragt Pia erstaunt.
„Rudi regt sich zum Glück nicht so schnell auf“, sagt Inke. „Deshalb nehmen wir ihn gleich mit zu den Anfängern.“
Da schnaubt Rudi kräftig und nickt freundlich mit dem Kopf.

„Vor dem Reiten müssen wir Rudi noch gründlich bürsten“, erklärt Inke. „Mit dem Gummistriegel wird der grobe Schmutz aus dem Fell gestrichen.“
Rudi schnaubt zufrieden und steht ganz ruhig da.
„Das ist ein bisschen so, als wenn ihn ein Pony-Freund anknabbert“, sagt Inke. Sie gibt Pia eine weiche Kardätsche. Damit kann sie den Staub aus Rudis Fell bürsten.
Pia hilft gerne mit. Rudi riecht so gut und sein Fell fühlt sich warm an.
„Darf ich auch den Pferdeschwanz kämmen?“, fragt sie.
„Lieber nicht!“, antwortet Inke. „Den Schweif löst man am besten mit den Fingern. Und für die Mähne nehme ich die Wurzelbürste.“

Zum Schluss darf Pia Rudi mit einem Wolllappen abreiben, bis sein Fell seidig glänzt.
„Jetzt sieht Rudi aus wie ein Pony-Prinz!", sagt Pia. „Kann ich ihm Zöpfe flechten?"
„Heute nicht", sagt Inke. „Wir müssen ihm noch die Hufe auskratzen, sonst drücken ihn die kleinen Steinchen beim Laufen."
„So wie bei mir im Sommer", sagt Pia. „In den Sandalen!"

„Da ist Rudis Sattel", sagt Inke,
als sie die Sattelkammer betreten.
Jedes Pony hat einen eigenen
Sattel und eine eigene Trense.

Es ist gar nicht so einfach,
das Zaumzeug anzulegen.
Dazu muss Rudi sein Maul öffnen.
Danach schnallt Inke verschiedene
Riemen um Rudis Kopf. Unter den Sattel
legt sie eine Decke.
„Damit er nicht auf dem Rücken
scheuert“, erklärt sie.
„Sind wir jetzt endlich fertig?“,
fragt Pia.
„Ja“, sagt Inke, „die Kinder
warten schon auf Rudi.“

„Guck mal, Inke!“, ruft Pia. „Die Kinder haben ja Helme auf.
Wie beim Fahrradfahren!“
Inke muss ein bisschen lachen. Aber Jan, der Reitlehrer,
sagt zu Pia: „Ganz genau! Und wie beim Fahrradfahren
schützt dich der Helm, wenn du mal beim Reiten stürzt.“
„Warum reiten die Kinder denn nicht?“, fragt Pia.

„Sie müssen sich erst mal mit ihren Ponys vertraut machen“, erklärt Jan. „Dann verliert das Pony seine Angst vor dem Kind und das Kind verliert die Angst vor dem Pony. Und ohne Angst geht alles leichter.“

Das gefällt Pia. Die Kinder kraulen ihre Ponys und sprechen mit ihnen. Ruhig und sanft.

Danach üben die Kinder
das Auf- und Absteigen.
Rudi bleibt brav stehen, auch
wenn ein Kind herumzappelt.
„Erst wer sicher aufsteigen kann,
fängt mit dem Reiten an!“, erklärt Jan.
„Schließlich können wir keine Leiter
ans Pferd stellen! Im Reitunterricht
lernst du zuerst im Schritt zu reiten“,
sagt Jan. „Dann geht es etwas schneller,
das nennt man Trab. Dabei musst du
genau wissen, wie du mit dem Popo hoch- und runtergehst.
Und schließlich lernst du galoppieren.“
Pia staunt: Inke und Rudi fliegen nur so an ihr vorbei.
„Und woher weiß Rudi, wann er anhalten soll?“, fragt Pia.
„Das zeigt Inke ihm“, antwortet Jan. „Mit den Zügeln und mit
ihren Oberschenkeln.“
Ich muss ganz schön viel üben, denkt Pia, bevor ich mit
einem Pony fliegen kann.

Nach dem Training begrüßt Inke endlich ihr eigenes Pony. Belinda ist im Stall nebenan, weil sie Ruhe braucht. „Hallo, kleine, dicke Belinda!“, sagt Inke zärtlich. „Bald ist dein Fohlen ja da.“ Freudig wiehert Belinda zur Begrüßung. Da fällt Inke ein, dass sie in der Reithalle ihre Tasche vergessen hat. „Ich muss noch mal zurück, Pia. Wartest du hier?“

Pia bleibt gern im Stall. Hier riecht es so gut. Sie mag die kleinen Geräusche, das Schnauben und das Hufgeklapper. Und ein bisschen müde ist Pia auch. Sie lässt sich auf einen Strohballen plumpsen und schaut sich Belinda an. Was für eine schöne lange Mähne sie hat! Bis über die Augen … Doch plötzlich läuft Belinda so unruhig in der Box herum! Ihr Fell ist ganz feucht … Vielleicht schwitzt sie ja? Und jetzt legt sie sich auf einmal hin! Ich muss sofort Inke holen, denkt Pia. Das Fohlen will raus! Sie springt auf und rennt aus dem Stall. „Inke!“, ruft Pia, so laut sie kann. „Das Fooohlen!“ Sofort kommen Jan und Inke angelaufen.

Belinda liegt auf der Seite. Ihre Mähne klebt am Hals, so stark schwitzt sie. Auf einmal sieht Pia ein Paar Beine.
Inke kniet neben Belinda und streicht ihr beruhigend über den Hals.
Langsam zieht Jan das Fohlen an den Beinen heraus. In einer milchig weißen Hülle liegt es im Stroh.
Belinda befreit ihr Fohlen aus der Hülle und leckt es von oben bis unten ab.

„Jetzt weiß sie, wie ihr Baby riecht“, erklärt Jan. „Jetzt kann sie es zwischen all den Fohlen herausschnuppern.“

Alle freuen sich über das kleine Fohlen. Inke muss sogar ein bisschen weinen. „Herzlichen Glückwunsch, Belinda!“, flüstert sie ihrem Pony ins Ohr. „Dein Fohlen ist das schönste auf der Welt!“

Ganz strubbelig sieht das Fohlen aus. Strubbelig und schokoladenbraun. Es will aufstehen. Dabei sind seine Beine so wackelig, dass Pia es am liebsten festhalten möchte. Aber schon nach kurzer Zeit läuft es munter in der Box herum. Auch Belinda ist aufgestanden. Nun sucht das Fohlen die Zitzen und trinkt sich satt.

„Ein Glück, dass du uns sofort gerufen hast!“, sagt Jan und streicht Pia über die Haare.
„Du darfst dem Fohlen einen Namen geben, Pia!“, sagt Inke.
„Du bist jetzt seine Patentante.“
„Oh ja, es soll Leonie heißen!“, ruft Pia.
„Das geht nicht!“, sagt Jan schmunzelnd. „Besser Leon!“
Inke und Pia sehen ihn erstaunt an.

„Es ist nämlich ein Junge!“
„So wie Rudi!“, ruft Pia und streichelt Leons Hals.
Sie ist gar nicht enttäuscht, dass ihr Patenkind kein Pony-Mädchen ist. Denn Pony-Jungs – das weiß Pia jetzt – kriegen auch eine schöne lange Mähne.

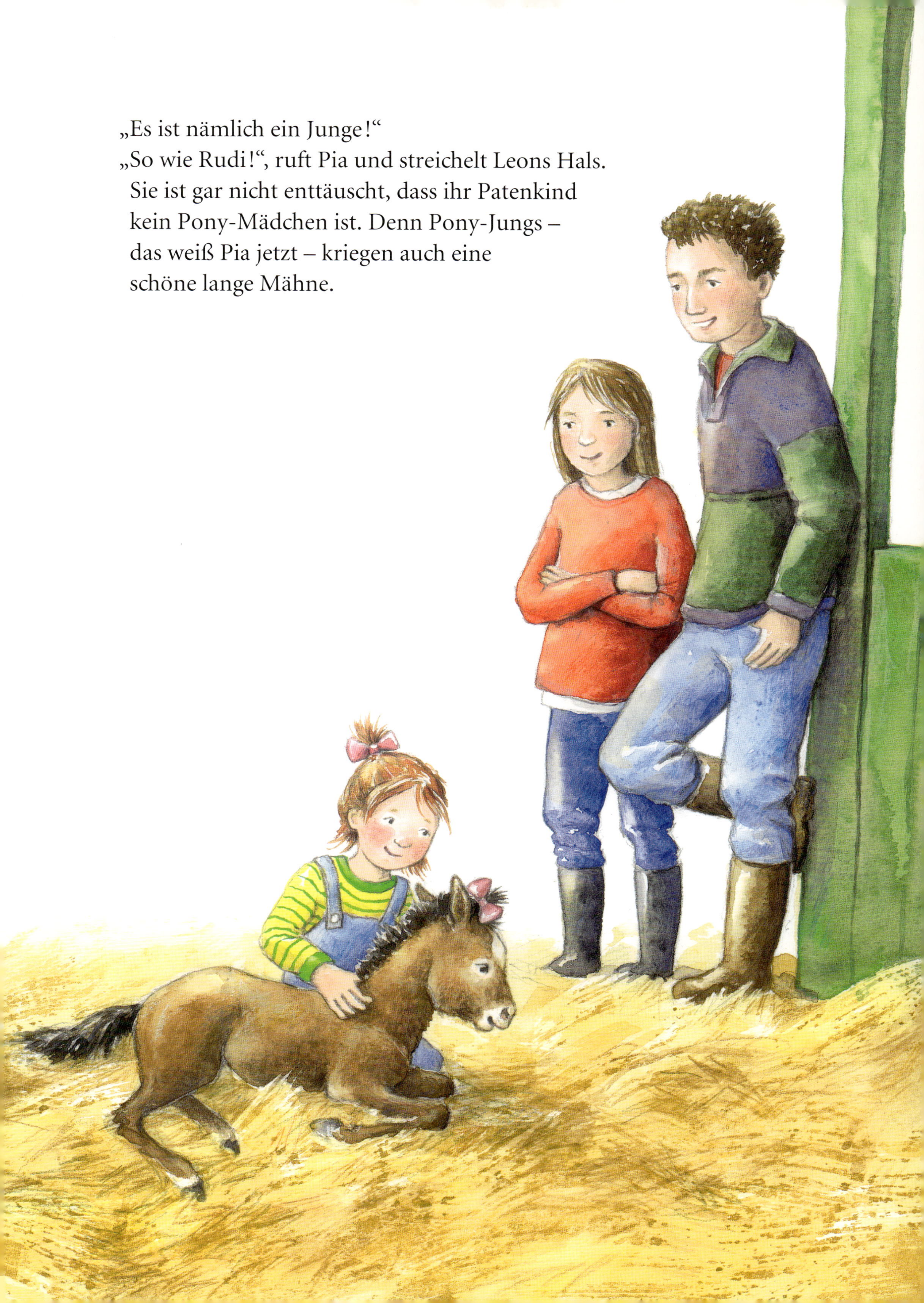

Bibliografische Information Der Deutschen Bibliothek:
Die Deutsche Bibliothek verzeichnet diese Publikation
in der Deutschen Nationalbibliografie;
detaillierte bibliografische Daten sind im Internet über
http://dnb.ddb.de abrufbar.

1 2 3 4 11 10 09 08


Postfach 1860 · 88188 Ravensburg
Illustration: Anne Möller · Text: Ulrike Kaup
Redaktion: Anja Marquart
Printed in Germany
ISBN 978-473-32373-9
www.ravensburger.de